NICO STANITZOK

Überraschende Ideen für deinen

MIXER

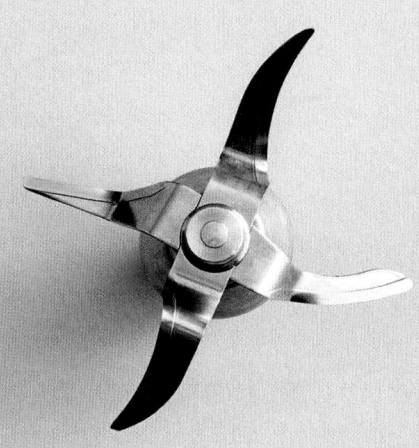

FOTOGRAFIE: KLAUS ARRAS | COCO LANG

INHALT

Öffnen Sie die Klappen dieses Buches.
Dort finden Sie die wichtigsten Infos zum Thema auf einen Blick!

DAS PRINZIP:
MIXER

DIE PERFEKTE
KOMBI

Immer griffbereit:

SO GEHT'S:
FRUCHT- UND
GEMÜSESAFT IM
MIXER ZUBEREITEN

Immer griffbereit:

SO GEHT'S:
MANDELDRINK
SELBER MACHEN

GU CLOU

Wussten Sie schon, dass …?
Entdecken Sie bei einigen ausgewählten Rezepten ganz besondere Tipps
mit verblüffendem Insiderwissen.
Aha-Momente garantiert!

Mit diesem Symbol sind alle vegetarischen
Gerichte gekennzeichnet.

Die Backzeiten können je nach Herd variieren. Unsere Temperaturangaben beziehen
sich auf das Backen im Elektroherd mit
Ober- und Unterhitze.

Sammeln Ihrer Lieblingsrezepte
mit der »GU Kochen Plus«-App
(siehe S. 64)

REZEPTKAPITEL

06 SUPPEN & SAUCEN

26 BROT, KUCHEN & HERZHAFTES

46 SÜSSES & DESSERTS

NICO STANITZOK

Früher habe ich mir in meinem Mixer gelegentlich einen Smoothie zum Frühstück zubereitet oder damit Sojamilch gemacht, um Tofu herzustellen. Das kann doch aber nicht alles gewesen sein, habe ich überlegt und viele neue Rezepte mit meinem leistungsfähigen Standmixer ausprobiert.

Wo liegt eigentlich der Unterschied zwischen Mixer, Küchenmaschine und Blitzhacker?

Ein Standmixer unterscheidet sich in Funktion und Form von einer Küchenmaschine oder einem Blitzhacker, die umgangssprachlich oft ebenfalls als Mixer bezeichnet werden. Auch wenn sich damit ähnliche Anwendungen durchführen lassen, wird ein Standmixer in der Regel dafür verwendet, Smoothies, Suppen oder andere Speisen zu pürieren. Es lassen sich damit aber auch wie mit einem Blitzhacker Nüsse fein mahlen oder wie in einer Küchenmaschine Teige für Brot und Kuchen zubereiten.

Wofür kann man einen Hochleistungsmixer noch verwenden?

Neben den bereits erwähnten Smoothies kann man auch seine eigene Nussmilch im Standmixer herstellen. Wichtig ist, dass das Gerät leistungsstark ist und Umdrehungszahlen über 25 000 Umdrehungen / Min. schafft, sodass auch Zellwände aufgebrochen werden können. Dann lassen sich damit feinste emulgierte Saucen oder auch Eiscreme herstellen.

Worauf muss ich beim Mixen achten?

Damit die Messer das Mixgut greifen können, muss es möglichst klein sein. Große, insbesondere gefrorene Stücke, können die Messer blockieren oder beschädigen. Das Mixgut daher vorher immer etwas zerkleinern und gefrorene Zutaten kurz antauen lassen. Beim Befüllen des Mixbehälters gilt es, folgendes zu berücksichtigen: Flüssigkeiten sollten immer zuerst eingefüllt werden, dann die weichen Zutaten in den Mixbehälter geben und erst ganz zum Schluss kommen alle anderen Zutaten dazu.

5-ZUTATEN-REZEPT:
TUTTI-FRUTTI-SMOOTHIE

200 g TK-Erdbeeren im Mixbehälter 5 Min. antauen lassen.

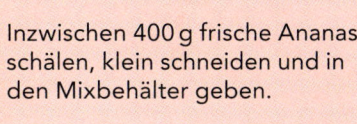

Inzwischen 400 g frische Ananas
schälen, klein schneiden und in
den Mixbehälter geben.

1 Banane schälen, in kleine
Stücke schneiden und ebenfalls zugeben.

500 ml Orangensaft und 100 ml Wasser zufügen und den Mixbehälter verschließen.

*Den Mixer auf kleinster Stufe starten, dann alles auf
höchster Stufe zu einem feinen Smoothie mixen. Den
Smoothie in vier hohe Gläser abfüllen und servieren.*

SUPPEN & SAUCEN

Für 1 Glas (450 ml) • 30 Min. Zubereitung • Pro Portion (50 g) ca. 195 kcal, 4 g E, 19 g F, 2 g KH

BASILIKUM-WALNUSS-PESTO

MIT PFIFF

60 g Walnusskerne
1 ½ Bund Basilikum
4 Knoblauchzehen
60 g Parmesan
1 Bio-Zitrone
120 ml Olivenöl
Salz

1 Die Walnüsse hacken und in einer Pfanne ohne Fett rösten, bis sie aromatisch duften. Dann die Nüsse in den Mixbehälter füllen.

2 Das Basilikum waschen, trocken schütteln und grob klein schneiden. Den Knoblauch schälen und ebenfalls klein schneiden. Den Parmesan ca. 1 cm groß würfeln. Die Zitrone heiß waschen, trocknen, die Schale fein abschneiden und den Saft auspressen.

3 Olivenöl, 1 TL Salz und die vorbereiteten Zutaten in den Mixer geben. Alles zunächst auf kleinster Stufe, dann auf höchster Stufe zu einem sämigen Pesto mixen. Dabei die Zutaten mithilfe des Stößels immer wieder in Richtung Klingen schieben.

4 Das Basilikum-Walnuss-Pesto in ein steriles Glas füllen und im Kühlschrank aufbewahren. Innerhalb 1 Woche aufbrauchen.

Für 1 Glas (450 ml) • 30 Min. Zubereitung • Pro Portion (50 g) ca. 205 kcal, 4 g E, 18 g F, 5 g KH

CHILI-PESTO

FEURIG

12 getrocknete rote Chili-
*   schoten*
50 g Pinienkerne (ersatzweise
*   Macadamianusskerne)*
1 Bund Basilikum
2 Knoblauchzehen
60 g Parmesan
1 Zitrone
120 ml Olivenöl
½ TL Chilipulver
½ TL Oregano
Salz, Pfeffer

1 Die Chilis 10 Min. in warmem Wasser einweichen. Inzwischen die Pinienkerne in einer Pfanne ohne Fett goldbraun rösten. Dann die Pinienkerne in den Mixbehälter füllen.

2 Das Basilikum waschen, trocken schütteln und grob klein schneiden. Den Knoblauch schälen und ebenfalls klein schneiden. Den Parmesan ca. 1 cm groß würfeln. Die Zitrone halbieren und den Saft auspressen. Die Chilis längs halbieren und die Kerne entfernen.

3 Öl, Chilipulver, Oregano, 1 TL Salz, ¼ TL Pfeffer und die vorbereiteten Zutaten in den Mixer geben. Alles zunächst auf kleinster Stufe, dann auf höchster Stufe zu einem sämigen Pesto mixen. Dabei die Zutaten mithilfe des Stößels in Richtung Klingen schieben.

4 Das Chili-Pesto in ein steriles Glas füllen und im Kühlschrank aufbewahren. Innerhalb 1 Woche aufbrauchen.

Für 1 Glas (450 ml) • 20 Min. Zubereitung • Pro Portion (50 g) ca. 245 kcal, 6 g E, 24 g F, 2 g KH

PAPRIKA-PESTO

KRÄFTIG

100 g geschälte Mandeln
2 gelbe Paprika
2 Knoblauchzehen
80 g Parmesan
140 ml Olivenöl
2 Prisen Cayennepfeffer
Salz

1 Die Mandeln in einer Pfanne ohne Fett goldbraun rösten. Dann in den Mixbehälter füllen. Die gelben Paprika waschen, halbieren, weiße Trennwände und Kerne entfernen und die Hälften ca. 2 cm groß würfeln. Den Knoblauch schälen und klein schneiden. Den Parmesan in ca. 1 cm große Würfel schneiden.

2 Öl, Cayennepfeffer, 1 TL Salz und die vorbereiteten Zutaten in den Mixer geben. Alles zunächst auf kleinster Stufe, dann auf höchster Stufe zu einem sämigen Pesto mixen. Dabei die Zutaten mithilfe des Stößels in Richtung Klingen schieben.

3 Das Paprika-Pesto in ein steriles Glas füllen und im Kühlschrank aufbewahren. Innerhalb 1 Woche aufbrauchen.

Für 1 Glas (450 ml) • 30 Min. Zubereitung • Pro Portion (50 g) ca. 210 kcal, 4 g E, 19 g F, 4 g KH

PESTO ROSSO

ITALIENISCH

*60 g Pinienkerne (ersatzweise
    Macadamianusskerne)*
200 g getrocknete Tomaten
1 Bund Basilikum
2 Zweige Rosmarin
2 Knoblauchzehen
1 Schalotte
60 g Parmesan
100 ml Olivenöl
Salz

1 Die Pinienkerne in einer Pfanne ohne Fett rösten, bis sie goldbraun sind und aromatisch duften. Dann in den Mixbehälter füllen.

2 Die getrockneten Tomaten klein schneiden. Die Kräuter waschen und trocken schütteln. Das Basilikum grob klein schneiden, die Rosmarinnadeln von den Zweigen streifen. Knoblauch und Schalotte schälen und klein schneiden. Den Parmesan ca. 1 cm groß würfeln.

3 Olivenöl, 1 TL Salz und die vorbereiteten Zutaten in den Mixer geben. Alles zunächst auf kleinster Stufe, dann auf höchster Stufe zu einem sämigen Pesto mixen. Dabei die Zutaten mithilfe des Stößels immer wieder in Richtung Klingen schieben.

4 Das Pesto Rosso in ein steriles Glas füllen und im Kühlschrank aufbewahren. Innerhalb 1 Woche aufbrauchen.

Für 12 Portionen • 20 Min. Zubereitung • Pro Portion ca. 110 kcal, 1 g E, 10 g F, 3 g KH

ZARTMACHER-MARINADE

ZUM GRILLEN

200 g Bio-Papaya
1 Bio-Orange
3 Knoblauchzehen
1 Bund Koriandergrün
1 Jalapeño
120 ml Sonnenblumenöl
2 EL Worcestersauce
1 TL gemahlener Koriander
1 TL gemahlener Kreuzkümmel
1 TL getrockneter Oregano
Salz, Pfeffer

1 Die Papaya waschen und mit der Schale klein schneiden. Die Orange heiß waschen, trocknen und die Schale ohne das Weiße dünn abschneiden. Den Saft auspressen. Schale und Saft in den Mixer geben. Knoblauch schälen und klein schneiden. Koriander abbrausen, trocken schütteln und samt Stängeln hacken. Jalapeño waschen, halbieren, weiße Trennwände und Kerne entfernen.

2 Öl, Worcestersauce, Gewürze, 1 TL Salz und 2 Prisen Pfeffer mit den vorbereiteten Zutaten in den Mixer geben. Alles zunächst auf kleinster Stufe, dann auf höchster Stufe fein mixen.

3 Nach Belieben Hähnchenkeulen oder Steaks 30–60 Min. in die Marinade einlegen. Die Marinade abstreifen, das Fleisch mit Salz und Pfeffer würzen und braten oder grillen. Übrig gebliebene Marinade lässt sich gut einfrieren oder in einem sterilen Glas im Kühlschrank aufbewahren. Innerhalb 1 Woche aufbrauchen.

Für 1 Glas (450 ml) • 30 Min. Zubereitung • Pro Portion (50 g) ca. 80 kcal, 0 g E, 0 g F, 18 g KH

FRUCHTIGE GRILLSAUCE

LIEBLICH-SCHARF

*300 g Aprikosen (aus der
  Dose)
120 g rote Paprika
1 Knoblauchzehe
1 Stück Ingwer (2 cm lang)
1 große rote Chilischote
2 EL Weißweinessig
1 EL Sojasauce
50 g Rohrohrzucker
2 EL Tomatenmark
Salz, Pfeffer*

1 Die Aprikosen in ein Sieb abgießen, dabei 150 ml Flüssigkeit auffangen. Die Paprika waschen, halbieren, weiße Trennwände und Kerne entfernen und die Hälften grob würfeln. Knoblauch und Ingwer schälen und klein schneiden. Die Chili waschen, halbieren, weiße Trennwände und Kerne entfernen. Die Hälften klein schneiden.

2 Weißweinessig, Sojasauce, Aprikosenflüssigkeit, Zucker, Tomatenmark, 1 TL Salz und 2 Prisen Pfeffer mit den restlichen vorbereiteten Zutaten in den Mixbehälter geben. Den Mixer auf kleinster Stufe starten, dann alles auf höchster Stufe mixen, bis eine feine Sauce entstanden ist. Dabei die Zutaten immer wieder mithilfe des Stößels in Richtung Klingen schieben.

3 Die Grillsauce in ein steriles Glas füllen und im Kühlschrank aufbewahren. Innerhalb 1 Woche aufbrauchen.

GERÖSTETE TOMATEN-SALSA 🌿

SÜDAMERIKANISCH

500 g Tomaten (z. B. Roma-
    Tomaten)
2 Jalapeños
1 rote Zwiebel
1 ½ EL Olivenöl
4 Knoblauchzehen
1 Bund Koriandergrün
1 Limette
1 EL Zucker
Salz

GU CLOU

Das Schöne an einem Hoch-
leistungsmixer ist, dass Tomaten oder anderes Gemüse
nicht extra gehäutet werden
müssen – denn er mixt so
fein, dass kein Fitzelchen Haut
übrig bleibt. Wer mag, kann
sogar die Haut vom Knob-
lauch dran lassen, denn die
kann man mitessen.

1 Den Backofen auf 220° mit Grillfunktion vorheizen. Tomaten und Jalapeños waschen, halbieren und putzen, Kerne entfernen. Die rote Zwiebel schälen und in Scheiben schneiden.

2 Ein Backblech mit ½ EL Olivenöl einpinseln. Tomaten und Jalapeños mit der Hautseite nach oben darauf verteilen. Die Zwiebelscheiben und den Knoblauch zugeben. Alles mit dem restlichen Öl beträufeln und im heißen Ofen (Mitte) 6–8 Min. rösten, bis die Haut der Tomaten und Jalapeños leicht schwarz wird. Das geröstete Gemüse kurz abkühlen lassen.

3 Inzwischen den Koriander abbrausen, trocken schütteln und grob schneiden. Die Limette halbieren und den Saft auspressen. Den Knoblauch aus der Schale pressen.

4 Alle vorbereiteten Zutaten mit Zucker und 1 TL Salz in den Mixer geben und zunächst auf kleinster Stufe, dann auf höchster Stufe zu einer feinen Salsa mixen. Dabei die Zutaten mithilfe des Stößels in Richtung Klingen schieben.

5 Die Salsa in ein steriles Glas füllen und im Kühlschrank aufbewahren. Innerhalb 1 Woche aufbrauchen.

Für 1 Glas (450 ml) • 25 Min. Zubereitung •
Pro Portion (50 g) ca. 25 kcal, 1 g E, 0 g F, 4 g KH

Für 1 Glas (450 ml) • 30 Min. Zubereitung •
Pro Portion (50 g) ca. 80 kcal, 1 g E, 2 g F, 13 g KH

JAMAICA-KRÄUTER-DIP 🍃

KARIBISCH

BARBECUE-GRILLSAUCE

KLASSIKER

1 Bund Koriander • ½ Bund Petersilie • 2 Stangen Staudensellerie • 3 Frühlingszwiebeln • 10 Knoblauchzehen • 1 kleine Zwiebel • 1 Stück Ingwer (2 cm lang) • 8 Zweige Thymian • 1 rote Chilischote (z. B. Scotch Bonnet) • 1 EL Limettensaft • Salz

2 Knoblauchzehen • 250 g Tomaten • 50 g Honig • 25 ml Apfelessig • 50 ml Worcestersauce • 2 EL Rapsöl • 1 EL Sojasauce • 1 EL Senf • 60 g brauner Zucker • 1 TL geräuchertes Paprikapulver

1 Kräuter abbrausen, trocken schütteln und hacken. Sellerie und Frühlingszwiebeln putzen und würfeln. Knoblauch, Zwiebel und Ingwer schälen und hacken. Thymian abrebeln. Die Chili waschen, halbieren, entkernen und würfeln.

2 Die vorbereiteten Zutaten mit Limettensaft und 1 TL Salz in den Mixer geben und zunächst auf kleinster Stufe, dann auf mittlerer Stufe fein mixen. Dabei alles mithilfe des Stößels in Richtung Klingen schieben, ggf. etwas Wasser zufügen. Den Dip in einem sterilen Glas kühl lagern und innerhalb 1 Woche aufbrauchen.

1 Den Knoblauch schälen und grob hacken. Die Tomaten waschen, putzen und vierteln. Alle Zutaten in den Mixer geben und zunächst auf kleinster Stufe, dann auf höchster Stufe zu einer feinen Sauce mixen. Dabei die Zutaten mithilfe des Stößels in Richtung Klingen schieben.

2 Die Grillsauce in einen kleinen Topf geben, unter Rühren aufkochen und ca. 10 Min. bei schwacher Hitze köcheln lassen. Dann die Sauce kochend heiß in ein steriles Glas umfüllen, dieses verschließen und abkühlen lassen. Anschließend im Kühlschrank aufbewahren. Nach dem Öffnen innerhalb 1 Woche aufbrauchen.

*Für 4 Personen • 20 Min. Zubereitung •
Pro Portion ca. 405 kcal, 9 g E, 32 g F, 19 g KH*

*Für 4 Personen • 20 Min. Zubereitung •
Pro Portion ca. 200 kcal, 2 g E, 20 g F, 2 g KH*

HUMMUS 🌿

AUS ISRAEL

*1 Dose Kichererbsen (240 g Abtropfgewicht) • 1 Zi-
trone • 2 Knoblauchzehen • 65 ml Olivenöl •
120 g Tahin (Sesampaste) • 1 TL gemahlener
Kreuzkümmel • Salz • 3 Stängel Petersilie •
2 Prisen Paprikapulver*

1 Die Kichererbsen in ein Sieb abgießen,
dabei 40 ml Flüssigkeit auffangen. Die Zitrone
auspressen. Knoblauch schälen und klein schneiden. Die vorbereiteten Zutaten mit 50 ml Öl,
Tahin, Kreuzkümmel und 1 TL Salz in den Mixer
geben und zunächst auf kleinster Stufe, dann auf
höchster Stufe mixen. Dabei die Zutaten mithilfe
des Stößels in Richtung Klingen schieben.

2 Das Hummus in eine Schale füllen. Die Petersilie abbrausen, trocken schütteln und die Blätter
grob hacken. Das Hummus mit Petersilie, restli-
chem Öl und Paprikapulver garniert servieren.

GUACAMOLE 🌿

MEXIKANISCH

*4 Kirschtomaten • 2 Knoblauchzehen • 1 Scha-
lotte • 1 Jalapeño • 2 EL Limettensaft • 1 TL
gemahlener Koriander • Salz • 2 Avocados*

1 Die Kirschtomaten waschen und vierteln. Den
Knoblauch und die Schalotte schälen und klein
schneiden. Jalapeño waschen, halbieren, weiße
Trennwände und Kerne entfernen. Die vorbereiteten Zutaten mit Limettensaft, Koriander
und 1 TL Salz in den Mixer geben.

2 Die Avocados halbieren und den Kern aus-
lösen. Das Fruchtfleisch aus den Schalen lösen,
würfeln und ebenfalls in den Mixer geben. Alles
zunächst auf kleinster Stufe, dann auf höchster
Stufe mixen. Dabei die Zutaten mithilfe des
Stößels in Richtung Klingen schieben.

3 Die Guacamole in eine Schale füllen und
servieren. Dazu passen Taco-Chips.

Für 4 Personen • 30 Min. Zubereitung • 2 Std. Auftauen • Pro Portion ca. 360 kcal, 23 g E, 12 g F, 39 g KH

ERBSENSUPPE MIT TAHIN 🍃

ORIENTALISCH

400 g TK-Erbsen
1 Dose Kichererbsen
    (240 g Abtropfgewicht)
½ Zitrone
2 Knoblauchzehen
600 ml Gemüsebrühe
3 EL Hefeflocken
Salz, Pfeffer
4 EL Tahin (Sesampaste)

1 Die Erbsen in einem Sieb ca. 2 Std. auftauen lassen. Die Kichererbsen abgießen, waschen und abtropfen lassen. Die Zitronenhälfte auspressen. Knoblauch schälen und klein schneiden.

2 Kichererbsen, Knoblauch, Gemüsebrühe, Hefeflocken, 1 TL Salz und 2 Prisen Pfeffer in den Mixer geben und zunächst auf kleinster Stufe, dann auf höchster Stufe fein mixen. Alles in einen Topf umfüllen und bei mittlerer Hitze zum Kochen bringen.

3 Inzwischen die Erbsen mit dem Zitronensaft in den Mixer geben. Die heiße Suppe vorsichtig zugießen. Den Mixer auf kleinster Stufe starten, dann alles auf höchster Stufe in ca. 2 Min. fein pürieren. Die heiße Erbsensuppe sofort in tiefe Teller oder Schalen füllen, mit je 1 EL Tahin beträufeln und servieren.

Für 4 Personen • 35 Min. Zubereitung • Pro Portion ca. 230 kcal, 3 g E, 19 g F, 11 g KH

TOMATENSUPPE MIT OLIVENÖL

EDEL

1 Knoblauchzehe
1 kleine rote Zwiebel
1 EL Butterschmalz
1 EL Tomatenmark
1 TL Oregano
1 Dose stückige Tomaten
    (400 g)
2 TL Zuckerrübensirup
Salz
2 Scheiben Toastbrot
60 ml Olivenöl
3 Stängel Basilikum

1 Knoblauch und Zwiebel schälen, fein hacken und in einer Pfanne im Butterschmalz goldbraun anbraten. Tomatenmark zugeben und ca. 30 Sek. mitbraten. Oregano, stückige Tomaten, 250 ml Wasser, den Sirup und 1 TL Salz zugeben. Alles zum Kochen bringen und ca. 30 Min. bei schwacher Hitze köcheln lassen.

2 Inzwischen das Toastbrot von der Rinde befreien und in kleinere Stücke zupfen. Die heiße Tomatensuppe vorsichtig in den Mixbehälter umfüllen und das Toastbrot zugeben. Alles zunächst auf kleinster Stufe, dann auf höchster Stufe in ca. 2 Min. fein mixen, dabei das Öl durch die Öffnung im Deckel zugießen.

3 Das Basilikum abbrausen, trocken schütteln und die Blätter abzupfen. Die Tomatensuppe in tiefe Teller oder Schalen füllen, mit Basilikum garnieren und sofort servieren.

RIGATONI MIT BROKKOLISAUCE

CREMIG

4 EL Walnusskerne
2 Stängel Basilikum
1 Bio-Zitrone
60 g Parmesan
Salz
350 g Brokkoli
4 Knoblauchzehen
400 g Rigatoni
1 EL Kapern
60 ml Olivenöl
Pfeffer (frisch gemahlen)

1 Die Walnüsse hacken und in einer Pfanne ohne Fett anrösten. Inzwischen das Basilikum abbrausen, trocken schütteln und die Blätter abzupfen. Die Zitrone heiß waschen, trocknen, die Schale ohne das Weiße dünn abschneiden und den Saft auspressen. Den Parmesan ca. 1 cm groß würfeln.

2 In einem großen Topf ca. 2 l Salzwasser aufkochen. Den Brokkoli in Röschen teilen. Den Strunk schälen und in Würfel schneiden. Den Knoblauch schälen.

3 Brokkoli und Knoblauch in den Topf geben und ca. 6 Min. köcheln lassen. Anschließend mit einer Schaumkelle herausnehmen und mit 350 ml Kochwasser in den Mixer geben. Das Wasser im Topf erneut aufkochen und die Nudeln darin nach Packungsanweisung bissfest garen.

4 Parmesan, Zitronensaft und -schale, Kapern und 1 TL Salz in den Mixer geben. Alles zunächst auf kleinster Stufe, dann auf höchster Stufe in ca. 3 Min. fein mixen. Dabei das Olivenöl zugießen. Die Nudeln in ein Sieb abgießen und mit der Sauce in Pasta-Tellern anrichten. Mit Pfeffer, gerösteten Walnüssen und Basilikum garnieren und servieren.

Für 4 Personen • 30 Min. Zubereitung • Pro Portion ca. 665 kcal, 24 g E, 18 g F, 100 g KH

SPAGHETTI »CASHEW E PEPE« ◖

VEGANER PASTA-KLASSIKER

130 g Cashewkerne
350 g Champignons
1 EL Rapsöl
2 Knoblauchzehen
1 Zwiebel
480 ml Gemüsebrühe
2 EL Misopaste
Salz
450 g Vollkornspaghetti
½ Bund Petersilie
½ Zitrone
1 TL Pfeffer (frisch gemahlen)

1 Die Cashewkerne in einer Pfanne ohne Fett anrösten, bis sie aromatisch duften. Dann in den Mixbehälter geben. Die Champignons putzen und vierteln. Das Öl in einer großen Pfanne mit hohem Rand erhitzen. Die Pilze darin goldbraun braten.

2 Inzwischen Knoblauch und Zwiebel schälen und klein schneiden. Brühe, Knoblauch, Zwiebel und Misopaste in den Mixer zu den Cashews geben und alles zunächst auf kleinster Stufe, dann auf höchster Stufe ca. 2 Min. mixen.

3 In einem großen Topf ca. 2 l Salzwasser aufkochen. Die Spaghetti darin nach Packungsanweisung bissfest garen.

4 Die Petersilie abbrausen, trocken schütteln und die Blätter fein hacken. Die Zitronenhälfte auspressen. Die Cashewsauce zu den Pilzen geben und aufkochen.

5 Die Nudeln abgießen und tropfnass mit der Sauce vermengen. Zitronensaft und die Hälfte der Petersilie untermischen. Die Spaghetti in Pasta-Tellern anrichten, mit restlicher Petersilie und Pfeffer garnieren und servieren.

Für 4 Personen • 30 Min. Zubereitung • Pro Portion ca. 580 kcal, 23 g E, 17 g F, 82 g KH

PASTA MIT TOMATEN UND FETA 🍃

MEDITERRAN

500 g Tomaten
2 Knoblauchzehen
½ Bund Basilikum
1 EL Zucker
Salz
400 g Penne
3 EL Olivenöl
200 g Schafskäse (Feta)
Pfeffer (frisch gemahlen)
1 Prise Chiliflocken

MEHR DARAUS MACHEN

Für noch mehr Aroma kann man die Tomaten im Ofen garen: Einfach mit Knoblauch, Basilikumstielen, der Hälfte der Blätter, Zucker, 1 TL Salz und Öl auf einem Blech bei 200° so lange rösten, bis sich die Haut dunkel färbt. Dann im Mixer fein pürieren.

1 Die Tomaten waschen, vierteln und putzen. Dabei die Kerne entfernen. Den Knoblauch schälen und klein schneiden. Das Basilikum abbrausen und trocken schütteln. Die Blätter abzupfen, die Stiele klein schneiden. Die Tomaten mit dem Knoblauch, den Basilikumstielen und der Hälfte der Blätter, dem Zucker und 1 TL Salz in den Mixbehälter geben.

2 In einem großen Topf ca. 2 l Salzwasser zum Kochen bringen. Die Penne darin nach Packungsanweisung bissfest garen. Inzwischen den Mixer auf kleinster Stufe starten, dann alles auf höchster Stufe zu einer feinen Sauce mixen. Dabei das Olivenöl durch die Öffnung im Deckel zugießen.

3 Die Nudeln abgießen und zurück in den Topf geben. Die Penne mit der Tomatensauce vermischen und in Pasta-Tellern anrichten. Den Schafskäse zerbröseln und darüberstreuen. Die Pasta mit den restlichen Basilikumblättern, etwas Pfeffer und Chiliflocken garnieren und servieren.

BROT, KUCHEN & HERZHAFTES

Für 1 Kastenform (30 cm) • 20 Min. Zubereitung • 45 Min. Gehen • 1 Std. Backen •
Pro Scheibe ca. 110 kcal, 5 g E, 4 g F, 14 g KH

DINKELVOLLKORNBROT 🌿

SCHNELL GEMACHT

42 g frische Hefe (1 Würfel;
ersatzweise 14 g Trockenhefe)
500 g Dinkelvollkornmehl
150 g Sonnenblumenkerne
2 EL Apfelessig
8 g Salz

AUSSERDEM
Öl und Mehl für die Form

1 Die Kastenform mit Öl einpinseln und mit Mehl ausstäuben. 500 ml Wasser und die frische Hefe in den Mixbehälter geben. Die Geschwindigkeit auf mittlere Stufe stellen und so lange mixen, bis sich die Hefe aufgelöst hat.

2 Dann Mehl, Sonnenblumenkerne, Essig und Salz zugeben. Alles zunächst auf kleinster Stufe, dann auf immer höherer Stufe mixen, bis ein homogener Teig entstanden ist. Dabei die Zutaten mithilfe des Stößels in Richtung Klingen schieben.

3 Den Teig gleichmäßig in die Form füllen, glatt streichen und abgedeckt an einem warmen Ort ca. 45 Min. gehen lassen. Anschließend die Form auf den Gitterrost in den kalten Backofen (Mitte) stellen und die Temperatur auf 200° einstellen. Das Brot ca. 1 Std. backen (Stäbchenprobe machen!).

4 Das fertige Brot aus dem Ofen nehmen, auf ein Gitter stürzen und vollständig auskühlen lassen.

QUINOABROT 🍃

GLUTENFREI

30 g Sultaninen
30 g bunte Quinoa
30 g Rohrohrzucker
21 g frische Hefe (½ Würfel; ersatzweise 7 g Trockenhefe)
300 g glutenfreier Mehl-Mix
5 g Salz
20 g weiche Butter

AUSSERDEM
Öl und Mehl für die Form und
   zum Arbeiten

1 Die Sultaninen 20 Min. in 20 ml Wasser einweichen. Inzwischen die Quinoa in ein Sieb geben, waschen und abtropfen lassen. 150 ml Wasser, Zucker und Hefe in den Mixbehälter geben und ca. 10 Sek. auf kleinster Stufe mixen, bis sich der Zucker aufgelöst hat. Glutenfreies Mehl und Salz zugeben und alles ca. 20 Sek. bei mittlerer Geschwindigkeit mixen. Dabei die Zutaten mithilfe des Stößels in Richtung Klingen schieben.

2 Die Sultaninen samt Einweichflüssigkeit und Quinoa zugeben und alles weitere 15 Sek. auf mittlerer Stufe mixen. Zum Schluss die Butter ca. 15 Sek. untermixen. Dabei wieder die Zutaten mithilfe des Stößels in Richtung Klingen schieben. Den Teig in eine Schüssel füllen, kurz glatt kneten, abdecken und an einem warmen Ort ca. 1 Std. gehen lassen.

3 Die Kastenform mit Öl einpinseln und mit Mehl ausstäuben. Den Teig auf der leicht bemehlten Arbeitsfläche in drei gleich schwere Portionen teilen und diese mit nassen Händen zu Kugeln formen. Die Teigkugeln nebeneinander in die Kastenform legen und 1 weitere Std. abgedeckt gehen lassen.

4 Inzwischen den Backofen auf 160° vorheizen. Die Form in den heißen Ofen (Mitte) schieben und das Brot 40–45 Min. backen. Herausnehmen, kurz abkühlen lassen und aus der Form stürzen. Auf einem Gitter auskühlen lassen.

SCHWARZBROT 🌿

VOLLWERTIG

FÜR DEN SAUERTEIG
60 g Weizenvollkornmehl
25 g Anstellgut (ersatzweise
130 g Sauerteig-Starter)

FÜR DEN SCHWARZ-BROTTEIG
130 g Sauerteig
80 g Zuckerrübensirup
400 g mittelfeiner Roggenschrot
200 g Sonnenblumenkerne
140 g Weizenvollkornmehl
8 g Salz

AUSSERDEM
1 EL Butter und 30 g kernige
Haferflocken für die Form

GUT ZU WISSEN
Wer kein eigenes Anstellgut zu Hause hat und auch nicht auf fertigen Sauerteig-Starter aus dem Supermarkt zurückgreifen möchte, kann den Bäcker seines Vertrauens fragen. Mit ein bisschen Glück bekommt man es dort sogar kostenlos.

SAUERTEIG: 60 ml Wasser, Weizenvollkornmehl und Anstellgut in einen Becher geben und verrühren. Mit einem Tuch abdecken und 8 Std. reifen lassen. Anschließend die Kastenform buttern und mit Haferflocken ausstreuen.

SCHWARZBROTTEIG: 620 ml Wasser und den fertigen Sauerteig (oder 130 g Sauerteig-Starter) in den Mixbehälter geben und bei mittlerer Stufe mixen, bis sich der Sauerteig aufgelöst hat. Zuckerrübensirup, Roggenschrot, Sonnenblumenkerne, Weizenvollkornmehl und Salz zugeben. Den Mixer auf kleinster Stufe starten und langsam auf höchste Stufe hochdrehen. Dabei die Zutaten mithilfe des Stößels immer wieder in Richtung Klingen schieben. Sobald alle Zutaten gleichmäßig vermischt sind, den Teig in die Form füllen, abdecken und an einem warmen Ort ca. 5 Std. gehen lassen.

BACKEN: Die Form anschließend auf den Gitterrost in den kalten Backofen (Mitte) stellen und die Temperatur auf 100° einstellen. Das Schwarzbrot ca. 3 Std. backen. Für ein noch dunkleres Brot kann es bis zu 4 Std. gebacken werden. Das Brot herausnehmen, auf ein Gitter stürzen und auskühlen lassen. Dann über Nacht in einen Gefrierbeutel stecken und reifen lassen. Es hält sich gekühlt mindestens 2 Wochen.

HEFEZOPF 🌿

KLASSIKER

250 g Weizenmehl (Type 550)
50 g Dinkelvollkornmehl
50 g Zucker
21 g frische Hefe (½ Würfel;
    ersatzweise 7 g Trockenhefe)
3 g Salz
145 ml lauwarme Milch
1 Ei (M)
20 g weiche Butter

AUSSERDEM
Mehl zum Arbeiten
1 Eigelb

1 Weizenmehl, Dinkelvollkornmehl, Zucker, Hefe und Salz in den Mixbehälter geben. Den Mixer auf kleinster Stufe starten und langsam auf höchste Stufe hochdrehen. Alle Zutaten ca. 15 Sek. mixen, bis sie gut vermischt sind.

2 Die Mixgeschwindigkeit auf mittlere Stufe stellen. Nacheinander 130 ml Milch, Ei und Butter durch die Öffnung im Deckel zugeben und untermixen, bis ein glatter Teig entstanden ist. Dabei die Zutaten immer wieder mithilfe des Stößels in Richtung Klingen schieben. Den Teig in eine Schüssel geben, mit etwas Mehl bestäuben und kurz mit den Händen glatt kneten. Dann abgedeckt ca. 1 Std. an einem warmen Ort gehen lassen. Ein Backblech mit Backpapier auslegen.

3 Den Teig auf der leicht bemehlten Arbeitsfläche in drei Portionen (à ca. 190 g) teilen. Diese zunächst zu Kugeln, dann zu 20 cm langen Strängen formen. Die Teigstränge abdecken und 10 Min. ruhen lassen. Die Teigstränge mit den Händen weiter zu einer Länge von ca. 50 cm rollen, an einem Ende zusammennehmen und zu einem Zopf flechten. Den Zopf auf das Blech legen und abgedeckt ca. 1 Std. gehen lassen.

4 Inzwischen den Backofen auf 170° vorheizen. Eigelb und restliche Milch in einem Schälchen verrühren. Den Zopf damit einstreichen und im heißen Ofen (Mitte) in 20–25 Min. goldbraun backen. Auf einem Gitter abkühlen lassen.

HAMBURGER MIT REISPFLANZERL

DEFTIG VEGETARISCH

Für 4 Personen • 45 Min. Zubereitung • 15 Min. Ruhen • 30 Min. Backen •
Pro Portion ca. 460 kcal, 16 g E, 8 g F, 80 g KH

200 g Natur-Reis
2 rote Zwiebeln
1 Dose schwarze Bohnen
*   (240 g Abtropfgewicht)*
1 Ei (M)
2 TL edelsüßes Paprikapulver
Salz, Pfeffer
150 g Möhren
1 EL Dijon-Senf
4 EL Joghurt
1 Handvoll Rucola
4 Hamburger-Brötchen

1 Den Reis waschen. Mit 450 ml Wasser in einen Topf geben, zugedeckt aufkochen und bei schwacher Hitze in ca. 20 Min. garen. Vom Herd nehmen und offen lauwarm abkühlen lassen (Step 1). Inzwischen die Zwiebeln schälen und würfeln. Die Bohnen abgießen und abtropfen lassen.

2 Ei, Zwiebeln, Bohnen, Reis, Paprikapulver, 1 TL Salz und ½ TL Pfeffer in den Mixbehälter geben und zunächst kurz auf kleinster Stufe, dann auf mittlerer Stufe nur so lange mixen, bis eine mittelfeine Konsistenz entsteht und alles zusammenhält (Step 2). Dabei die Zutaten mithilfe des Stößels in Richtung Klingen schieben. Gegebenenfalls den Mixvorgang zwischendurch anhalten und die Reismasse mit einem Löffel durchrühren. Die Masse anschließend in einer Schüssel glatt rühren und 15 Min. ruhen lassen (Step 3). Ein Backblech mit Backpapier auslegen. Den Backofen auf 180° vorheizen.

3 Aus der Reismasse mit angefeuchteten Händen vier Pattys (ca. 8 cm ∅, 2 cm hoch) formen und diese auf das Blech legen (Step 4). Im heißen Ofen (Mitte) 25–30 Min. backen.

4 Inzwischen die Möhren schälen, putzen, grob raspeln und mit Senf, Joghurt, 1 TL Salz und 2 Prisen Pfeffer in einer Schüssel vermischen. Den Rucola verlesen, etwas klein schneiden, waschen, abtropfen lassen und mit den Möhren vermengen (Step 5). Die Brötchen halbieren und toasten. Die Hälfte vom Möhrensalat auf die unteren Hälften setzen. Darauf je einen Patty platzieren und alles mit dem restlichen Salat toppen. Die Deckel auflegen und die Burger servieren (Step 6).

PIZZA PICCANTE

VOM BLECH

FÜR DEN TEIG

2 Eier (M)
2 EL weiche Butter
1 Pck. Backpulver
1 TL Zucker
Salz
500 g Weizenmehl (Type 550)

FÜR DEN BELAG

1 Dose gehackte Tomaten (400 g)
Salz
250 g geriebener Mozzarella
150 g scharfe Salami in Scheiben
1 EL Oregano

AUSSERDEM

Öl und Mehl für das Blech

TEIG: Das Backblech einölen und mit Mehl bestäuben. Den Backofen auf 180° vorheizen. 400 ml Wasser, Eier, Butter, Backpulver, Zucker und 1 TL Salz in den Mixbehälter geben und auf mittlerer Stufe mixen, bis alle Zutaten vermischt sind.

Dann die Hälfte vom Mehl zugeben. Alles zunächst auf kleinster Stufe mixen, dann langsam die Geschwindigkeit erhöhen. Dabei mithilfe des Stößels die Zutaten Richtung Klingen schieben. Restliches Mehl zufügen und bei höchster Stufe weitermixen, bis ein glatter Teig entstanden ist. Den Teig gleichmäßig mit einem Küchenspatel auf dem Blech verstreichen und im heißen Ofen (Mitte) ca. 20 Min. backen.

BELAG: Inzwischen die gehackten Tomaten in einer Schüssel mit ¾ TL Salz verrühren. Das Blech aus dem Ofen nehmen, die Tomatensauce auf dem Teig verteilen und mit Käse bestreuen. Die Pizza in weiteren 10 Min. fertig backen. Anschließend mit Salami belegen und mit Oregano bestreuen. Die Pizza kurz abkühlen lassen, in vier Stücke schneiden und servieren.

Für 1 Gugelhupfform (⌀ 20 cm) • 20 Min. Zubereitung • 45 Min. Backen • 20 Min. Ruhen •
Pro Stück ca. 325 kcal, 5 g E, 18 g F, 34 g KH

ORANGENKUCHEN 🍃

LEICHT & FRUCHTIG

1 große Bio-Orange
180 ml Sonnenblumenöl
4 Eier (M)
200 g Zucker
2 Pck. Vanillezucker
Salz
250 g Dinkelmehl (Type 630)
1 Pck. Backpulver

AUSSERDEM
Öl und Mehl für die Form

1 Die Form mit Öl einpinseln und mit Mehl ausstäuben. Den Backofen auf 180° vorheizen. Die Orange heiß waschen und trocknen. Die Kappen dünn abschneiden und die Orange achteln. Orange, Öl, Eier, Zucker, Vanillezucker und 1 Prise Salz in den Mixbehälter geben und zunächst auf kleinster Stufe, dann auf höchster Stufe fein mixen. Dabei die Zutaten mithilfe des Stößels in Richtung Klingen schieben.

2 Mehl und Backpulver zugeben und alles erneut auf kleinster, dann auf mittlerer Stufe nur so lange mixen, bis sich die Zutaten gerade verbunden haben. Den Teig in die Form füllen und glatt streichen. Den Kuchen auf dem Gitterrost im heißen Ofen (Mitte) in ca. 45 Min. goldbraun backen. Anschließend ca. 20 Min. im ausgeschalteten Ofen bei leicht geöffneter Tür ruhen lassen. Den Kuchen aus der Form stürzen und auf einem Gitter abkühlen lassen.

Für 1 Auflaufform (20 × 30 cm) • 30 Min. Zubereitung • 40 Min. Backen •
Pro Stück ca. 255 kcal, 10 g E, 11 g F, 27 g KH

BANANEN-HEIDELBEER-KUCHEN

EINFACH

2 große, überreife Bananen
300 ml Milch
120 g Honig
240 g Erdnussbutter
3 Eier (M)
2 Pck. Vanillezucker
1 Pck. Backpulver
1 TL Zimtpulver
Salz
360 g Haferflocken
200 g Heidelbeeren

AUSSERDEM
Öl und Mehl für die Form

1 Die Form einölen und mit Mehl ausstäuben. Den Backofen auf 190° vorheizen. Bananen schälen und klein schneiden. Milch, Honig, Erdnussbutter, Eier, Bananen, Vanillezucker, Backpulver, Zimt und 1 Prise Salz in den Mixbehälter geben. Alles zunächst auf kleinster Stufe, dann auf höchster Stufe fein mixen. Dabei die Zutaten mithilfe des Stößels in Richtung Klingen schieben.

2 Die Haferflocken zugeben und erst auf kleinster, dann auf mittlerer Stufe kurz untermixen. Es sollen anschließend noch kleine Stückchen Haferflocken zu erkennen sein. Die Heidelbeeren waschen und unter den Teig heben. Den Teig in die Form füllen und glatt streichen. Den Kuchen auf dem Gitterrost im heißen Ofen (Mitte) in ca. 40 Min. hellbraun backen (Stäbchenprobe machen!). Herausnehmen und auf einem Gitter abkühlen lassen.

Für 1 Gugelhupfform (⌀ 20 cm) • 20 Min. Zubereitung • 50 Min. Backen •
Pro Stück ca. 325 kcal, 5 g E, 18 g F, 36 g KH

RÜBLI-KUCHEN 🍃

KLASSIKER

280 g Möhren
1 Bio-Zitrone
3 Eier (M)
180 ml Rapsöl
200 g Zucker
1 Pck. Vanillezucker
Salz
280 g Dinkelmehl (Type 630)
1 Pck. Backpulver

AUSSERDEM
Öl und Mehl für die Form

TAUSCH-TIPP
Der Rübli-Kuchen lässt sich im Herbst ganz einfach in Kürbis-Kuchen verwandeln: Dafür statt Möhren Hokkaido-Kürbis verwenden und wie im Rezept beschrieben verarbeiten.

1 Die Form einölen und mit Mehl ausstäuben. Den Backofen auf 180° vorheizen. Die Möhren schälen und in ca. 1 cm große Stücke schneiden. Die Zitrone heiß waschen und trocknen. Die Schale ohne das Weiße dünn abschneiden.

2 Eier, Öl, Möhren, Zitronenschale, Zucker, Vanillezucker und 1 Prise Salz in den Mixbehälter geben und zunächst auf kleinster Stufe, dann auf höchster Stufe fein mixen. Dabei die Zutaten immer wieder mithilfe des Stößels in Richtung Klingen schieben, bis die Möhren fein püriert sind.

3 Mehl und Backpulver mischen. Ein Drittel der Mehlmischung in den Mixer geben. Alles wieder zunächst auf kleinster Stufe, dann auf höchster Stufe mixen. Sobald das Mehl eingearbeitet ist, das nächste Drittel zugeben und ebenso untermixen. Dann die restliche Mehlmischung einarbeiten. Falls nötig, den Mixer anhalten, die Zutaten vom Rand lösen und nach unten schieben. Immer nur so lange mixen, bis sich alle Zutaten gerade verbunden haben.

4 Den Teig in die Form füllen und glatt streichen. Die Form auf den Gitterrost in den heißen Ofen (Mitte) stellen und den Kuchen in 45–50 Min. hellbraun backen (Stäbchenprobe machen!). Herausnehmen, kurz abkühlen lassen, aus der Form stürzen und auf einem Gitter vollständig auskühlen lassen.

Für 12 Muffins • 20 Min. Zubereitung • 25 Min. Backen • Pro Stück ca. 170 kcal, 4 g E, 7 g F, 21 g KH

HAFER-APFEL-MUFFINS 🌿

BALLASTSTOFFREICH

2 Bananen
1 Apfel (z. B. Fuji)
2 Eier (M)
60 ml Rapsöl
60 g Zucker
1 TL Backpulver
1 TL Natron
1 TL Zimtpulver
Salz
240 g kernige Haferflocken

AUSSERDEM
12er-Muffinform
12 Papierförmchen

1 Die Muffinform mit Papierförmchen auslegen. Den Backofen auf 175° vorheizen. Die Bananen schälen und klein schneiden. Den Apfel waschen, entkernen und klein schneiden.

2 Bananen, Apfel, Eier, Öl, Zucker, Backpulver, Natron, Zimt und 1 Prise Salz in den Mixer geben und zunächst auf kleinster Stufe, dann auf höchster Stufe mixen. Dabei die Zutaten immer wieder mithilfe des Stößels in Richtung Klingen schieben.

3 Die Haferflocken zugeben und untermixen. Falls nötig, den Mixer anhalten, die Zutaten vom Rand lösen und nach unten schieben. Den Teig gleichmäßig in die Förmchen füllen. Die Muffins auf dem Gitterrost im heißen Ofen (Mitte) in ca. 25 Min. goldbraun backen. Herausnehmen und auf einem Gitter abkühlen lassen.

Für 20 Stück • 25 Min. Zubereitung • 20 Min. Backen • Pro Stück ca. 135 kcal, 4 g E, 8 g F, 12 g KH

SCHOKOLADEN-BROWNIES 🌿

VEGAN

200 g Süßkartoffeln
Salz
1 große Banane
60 g Apfelmus
165 g Erdnussbutter
135 g Datteln (entsteint)
25 g Kakaopulver
½ TL Natron
165 g Zartbitter-Schokoladen-
  raspel

AUSSERDEM
Auflaufform (23 × 23 cm)
Butter und Mehl für die Form

1 Süßkartoffeln schälen, vierteln, waschen und in wenig Salzwasser weich kochen. Abgießen und kurz ausdampfen lassen. Inzwischen die Form buttern und mit Mehl ausstäuben. Die Banane schälen und klein schneiden. Den Backofen auf 175° vorheizen.

2 160 g Süßkartoffeln mit Banane, Apfelmus, Erdnussbutter, Datteln, Kakao und Natron in den Mixbehälter geben und zunächst auf kleinster Stufe, dann auf höchster Stufe cremig mixen. Dabei die Zutaten mithilfe des Stößels in Richtung Klingen schieben.

3 Den Teig in eine Schüssel füllen und die Schokoladenraspel unterheben. Den Teig in der Form glatt verstreichen und im heißen Ofen (Mitte) 15–20 Min. backen (Stäbchenprobe machen!). Die Form herausnehmen und die Brownies auf einem Gitter abkühlen lassen. Anschließend in ca. 20 Stücke schneiden.

SÜSSES & DESSERTS

Für 4 Personen • 15 Min. Zubereitung • 2 Std. Tiefkühlen • Pro Portion ca. 315 kcal, 1 g E, 5 g F, 28 g KH

ERDBEER-EISCREME ◖

180 g Zucker
100 g Sahne
1 Pck. Vanillezucker
500 g TK-Erdbeeren

1 Den Zucker in den Mixer geben und mithilfe der Pulsfunktion zu feinem Puder mahlen. Sahne, Vanillezucker und gefrorene Erdbeeren zugeben und alles zunächst auf kleinster Stufe, dann auf höchster Stufe mixen. Dabei die Zutaten mithilfe des Stößels in Richtung Klingen schieben. Sobald die Masse glatt ist, ist das Eis fertig.

2 Für ein weiches Softeis die Eiscreme sofort servieren. Für ein festeres Eis die Eismasse in einen Gefrierbehälter umfüllen und ca. 2 Std. in das Gefrierfach stellen. Wurde die Eiscreme länger eingefroren, sollte sie etwas früher aus dem Gefrierfach herausgenommen werden, damit sie zum Servieren etwas weicher wird. Am besten schmeckt die Eiscreme frisch zubereitet.

Für 4 Personen • 20 Min. Zubereitung • 2 Std. Tiefkühlen • Pro Portion ca. 185 kcal, 2 g E, 1 g F, 40 g KH

FROZEN MANGO-JOGHURT

FRISCH

80 g Zucker
150 g Joghurt
500 g TK-Mango, in Stücken
8 Blätter Minze

1 Den Zucker in den Mixer geben und mithilfe der Pulsfunktion zu feinem Puder mahlen. Joghurt und gefrorene Mango zugeben und alles zunächst auf kleinster Stufe, dann auf höchster Stufe fein mixen. Dabei die Zutaten mithilfe des Stößels in Richtung Klingen schieben. Sobald die Masse glatt ist, ist die Eiscreme fertig.

2 Für eine weiche Konsistenz den Frozen Joghurt sofort servieren. Für ein festeres Eis die Joghurtmasse in einen Gefrierbehälter umfüllen und ca. 2 Std. in das Gefrierfach stellen. Am besten schmeckt der Frozen Joghurt frisch zubereitet. Anstelle der Mango kann auch jedes andere gefrorene Obst oder Beeren verwendet werden.

Für 8 Pfannkuchen • 45 Min. Zubereitung • Pro Stück ca. 290 kcal, 9 g E, 13 g F, 34 g KH

PFANNKUCHEN MIT 3 FARBEN 🌿

FÜR KINDER

500 ml Milch
50 g Zucker
3 Eier (M)
6 EL Rapsöl
Salz
250 g Mehl
2 EL gemahlene Kurkuma
2 EL Erdbeer-Fruchtpulver
1 EL Kakaopulver

1 Milch, Zucker, Eier, 2 EL Rapsöl, 1 Prise Salz, Mehl und Kurkuma in den Mixbehälter geben und zunächst auf kleinster Stufe, dann auf höchster Stufe in 1 Min. glatt mixen. Die Hälfte des Teiges in einen Messbecher umfüllen.

2 Den Mixbehälter zurück in den Mixer stellen und das Erdbeerpulver zugeben. Den Mixer erneut auf kleinster Stufe starten, dann den Teig auf höchster Stufe 1 Min. mixen. Die Hälfte des roten Teiges in einen zweiten Messbecher umfüllen. Den Mixbehälter zurück in den Mixer stellen und das Kakaopulver zufügen. Den Schokoladenteig ebenfalls zunächst auf kleinster Stufe, dann auf höchster Stufe 1 Min. mixen.

3 Etwa ½ EL Rapsöl in einer beschichteten Pfanne erhitzen und 4 EL vom gelben Teig hineingeben. Dann sofort 2 EL Schokoladenteig in die Mitte setzen, anschließend 2 EL vom roten Teig. Den Pfannkuchen abgedeckt 1–2 Min. backen, bis die Oberfläche des Teiges gestockt ist. Den Pfannkuchen wenden und 1 weitere Min. backen. Auf einen Teller gleiten lassen und abgedeckt warm halten. Aus dem restlichen Teig auf die gleiche Weise sieben weitere Pfannkuchen backen.

Für 2 Gläser (à 250 ml) • 20 Min. Zubereitung • Pro Portion (50 g) ca. 110 kcal, 1 g E, 0 g F, 24 g KH

FRISCHER ERDBEERAUFSTRICH

EINFACH

400 g Erdbeeren
100 g Zucker
2 TL Xanthan (ersatz-
  weise 6 EL Chia-Samen)
1 EL Zitronensaft

1 Die Erdbeeren waschen, putzen und vierteln. Zucker und Xanthan in einer Schüssel vermischen. Erdbeeren, Zucker-Xanthan-Mischung, Zitronensaft und 2 EL Wasser in den Mixer geben und zunächst auf kleinster Stufe, dann auf höchster Stufe ca. 1 Min. mixen. Dabei die Zutaten mithilfe des Stößels in Richtung Klingen schieben.

2 Den Erdbeeraufstrich anschließend in sterile Gläser umfüllen, verschließen und im Kühlschrank aufbewahren. Vor dem Verzehr mindestens 4 Std. ausquellen lassen, damit der Aufstrich fester wird. Innerhalb von 1 Woche aufbrauchen.

Für 2 Gläser (à 300 g) • 20 Min. Zubereitung • Pro Portion (50 g) ca. 280 kcal, 13 g E, 24 g F, 4 g KH

NUSSMUS

NATÜRLICH

600 g geröstete, ungesalzene Erdnusskerne (ersatzweise geschälte Mandeln oder Sesam)

1 Die Erdnüsse in den Mixbehälter geben und zunächst auf kleinster Stufe, dann schnell auf höchster Stufe mixen. Dabei die Erdnüsse mithilfe des Stößels in Richtung Klingen schieben. So lange die Erdnussmasse mit dem Stößel weiterbearbeiten, bis sie flüssig ist und von den Messern ohne Unterstützung gegriffen wird. Das Erdnussmus weiter bis zur gewünschten Konsistenz mixen. Das Erdnussmus in sterile Gläser füllen und kühl und dunkel lagern.

2 Auf die gleiche Weise lässt sich Mandelmus herstellen. Die Mandeln dafür zunächst in einer Pfanne ohne Fett rösten, bis sie zu duften beginnen. Dann wie oben beschrieben zu Mandelmus verarbeiten. Auch die Sesampaste Tahin kann auf diese Weise hergestellt werden. Den Sesam dafür in einer Pfanne ohne Fett goldbraun rösten und wie oben beschrieben zu Sesampaste verarbeiten.

Für 7 Tafeln • 20 Min. Zubereitung • 1 Std. Kühlen • Pro Portion (50 g) ca. 315 kcal, 4 g E, 25 g F, 19 g KH

SCHOKOLADE SELBER MACHEN

FÜR KINDER

200 g Kakaobutter
60 g gehackte Haselnusskerne
160 g geröstete Kakao-Nibs
160 g Rohrohrzucker
Salz
120 g Vollmilchpulver

AUSSERDEM
7 Silikonformen für Tafelscho-
kolade (à 100 g)

1 Die Kakaobutter in einen Topf geben und bei schwacher Hitze schmelzen. Die gehackten Haselnüsse in einer kleinen Pfanne ohne Fett bei mittlerer Hitze rösten, bis sie zu duften beginnen.

2 Kakaobutter, Haselnüsse, Kakao-Nibs, Zucker und 1 Prise Salz in den Mixbehälter geben und zunächst auf kleinster Stufe, dann auf höchster Stufe 2 Min. mixen. Den Mixer stoppen und bei Bedarf kurz abkühlen lassen. Das Milchpulver zugeben und die Schokoladen-masse, die an der Glaswand haftet, mit einem Gummispatel nach unten schieben. Alles in weiteren 3–4 Min. sehr fein mixen.

3 Die Schokoladenmasse in die Silikonformen abfüllen und mindestens 1 Std. in den Kühlschrank stellen, bis die Schokolade fest ist. Anschließend aus den Formen lösen und in einer luftdicht verschließbaren Dose im Kühlschrank aufbewahren.

Für 2 Gläser (à 400 ml) • 20 Min. Zubereitung • Pro Portion (50 g) ca. 315 kcal, 5 g E, 26 g F, 15 g KH

NUSS-NUGAT-CREME 🌿

OHNE ZUSATZSTOFFE

400 g Haselnusskerne
150 g Vollmilch-Schokolade
150 g Zartbitter-Schokolade
60 g Erdnussöl (ersatzweise
  anderes Pflanzenöl)
4 EL Puderzucker (optional)
3 EL Milchpulver (optional)
1 EL Vanillezucker (optional)

1 Die Nüsse in einer Pfanne ohne Fett goldbraun rösten, dann sofort in einem Geschirrtuch gegeneinander reiben. Die Nüsse kurz abkühlen lassen und häuten. Die Schokolade grob hacken.

2 Öl und Nüsse in den Mixer geben und zunächst auf kleinster Stufe, dann auf mittlerer Stufe mixen. Dabei die Nüsse mithilfe des Stößels in Richtung Klingen schieben. So lange mixen, bis eine feine Paste entsteht. Dann nach und nach die Schokolade zugeben. Sobald die Schokolade vollständig eingearbeitet ist, alles auf höchster Stufe mixen, bis die Masse flüssig wird. Nach Belieben noch Puderzucker, Milchpulver und Vanillezucker untermixen.

3 Die Nuss-Nugat-Creme in sterile Gläser umfüllen. Kühl und dunkel lagern und innerhalb von 2 Wochen aufbrauchen.

Für 6 Stück • 30 Min. Zubereitung • 1 Std. 30 Min. Kühlen • Pro Stück ca. 540 kcal, 9 g E, 42 g F, 32 g KH

SCHOKO-TARTELETTES 🍃

OHNE BACKEN

FÜR DEN BODEN
90 g Haselnusskerne
55 g Datteln (entsteint)
15 g Kakaopulver

FÜR DIE HELLE CREME
60 g Kakaobutter
100 g Nussdrink (z. B. Mandeldrink)
50 g Ahornsirup
100 g Cashewkerne

FÜR DIE SCHOKOLADEN-
CREME
30 g Kakaobutter
30 g Zartbitter-Schokolade
100 g Nussdrink (z. B. Mandeldrink)
50 g Ahornsirup
100 g Cashewkerne

AUSSERDEM
6 Tarteletteförmchen (⌀ 10 cm)

BODEN: Die Haselnüsse in einer Pfanne ohne Fett rösten, bis sie zu duften beginnen. Anschließend im Mixer fein mahlen. Datteln, Kakao und 30 ml Wasser zugeben und untermixen. Den Mixer immer wieder stoppen und die Zutaten mithilfe des Stößels in Richtung Klingen schieben. Diesen Vorgang so oft wiederholen, bis eine feine Paste entstanden ist. Die Masse gleichmäßig auf die Förmchen verteilen und mit angefeuchteten Fingern am Boden und Rand festdrücken. Etwa 30 Min. in das Gefrierfach stellen.

HELLE CREME: Die Kakaobutter über einem heißen Wasserbad schmelzen. Dann mit Nussdrink, Sirup und Cashewkernen in den Mixer geben. Alles zunächst auf kleinster Stufe, dann auf höchster Stufe cremig mixen. Die Füllung gleichmäßig auf die Förmchen verteilen und glatt streichen. Die Tartelettes ca. 30 Min. in den Kühlschrank stellen.

SCHOKOLADENCREME: Kakaobutter und Schokolade über einem heißen Wasserbad schmelzen. Anschließend mit Nussdrink, Sirup und Cashewkernen in den Mixer geben und zunächst auf kleinster Stufe, dann auf höchster Stufe cremig mixen. Die Schokoladencreme gleichmäßig auf die Förmchen verteilen und auf der hellen Creme glatt verstreichen. Die Tartelettes erneut 30 Min. kalt stellen.

Für 2 Gläser (à 300 ml) • 20 Min. Zubereitung • Pro Glas ca. 620 kcal, 10 g E, 35 g F, 68 g KH

GOLDEN MILKSHAKE 🌿

EXOTISCH

120 g Kokosmilch
25 g Kokosraspel
400 g Kokos-Eiscreme
2 EL gemahlene Kurkuma
1 TL Zimtpulver
¼ TL gemahlener Ingwer
1 EL Honig
Salz, Pfeffer

AUSSERDEM
Zimtpulver und Kokosraspel
    zum Bestreuen
Trinkhalme (optional)

1 Kokosmilch und -raspel in den Mixbehälter geben und zunächst auf kleinster Stufe, dann ca. 1 Min. auf höchster Stufe mixen.

2 Kokos-Eiscreme, gemahlene Kurkuma, Zimtpulver, Ingwer, Honig, 1 Prise Salz und 2 Prisen Pfeffer zugeben und alles erneut erst auf kleinster Stufe, dann auf höchster Stufe fein mixen. Dabei die Zutaten mithilfe des Stößels in Richtung Klingen schieben. Sobald die Masse glatt ist, ist der Milchshake fertig.

3 Den Shake sofort in zwei hohe Gläser umfüllen. Mit Zimt und Kokosraspeln garnieren und nach Belieben mit Trinkhalmen servieren.

Für 2 Gläser (à 400 ml) • 20 Min. Zubereitung • Pro Glas ca. 550 kcal, 16 g E, 24 g F, 66 g KH

VANILLE-MILCHSHAKE 🌿

SCHNELL GEMACHT

500 ml Vollmilch
250 g Vanilleeis
6 EL Malzmilchpulver
(z. B. Ovomaltine)

AUSSERDEM
Trinkhalme (optional)

1 Milch, Eiscreme und Malzmilchpulver in den Mixbehälter geben und zunächst auf kleinster Stufe, dann auf höchster Stufe mixen. Dabei die Zutaten mithilfe des Stößels in Richtung Klingen schieben. Sobald die Masse glatt ist, ist der Milchshake fertig.

2 Den Milchshake sofort in zwei hohe Gläser umfüllen und nach Belieben mit Trinkhalmen servieren.

REGISTER

Vegetarische Rezepte, die im Buch mit einem ◗ gekennzeichnet sind, sind hier grün abgesetzt.

Abkürzungsverzeichnis:
E = Eiweiß
EL = Esslöffel (gestrichen)
F = Fett
kcal = Kilokalorien
KH = Kohlenhydrate
Msp. = Messerspitze
Pck. = Päckchen
TK = Tiefkühl
TL = Teelöffel (gestrichen)
Ø = Durchmesser

LIEBE LESERINNEN UND LESER,

wir wollen Ihnen mit diesem Buch Informationen und Anregungen geben, um Ihnen das Leben zu erleichtern oder Sie zu inspirieren, Neues auszuprobieren. Wir achten bei der Erstellung unserer Bücher auf Aktualität und stellen höchste Ansprüche an Inhalt und Gestaltung. Alle Anleitungen und Rezepte werden von unseren Autoren, jeweils Experten auf ihren Gebieten, gewissenhaft erstellt und von unseren Redakteur*innen mit größter Sorgfalt ausgewählt und geprüft.

Haben wir Ihre Erwartungen erfüllt? Sind Sie mit diesem Buch und seinen Inhalten zufrieden? Wir freuen uns auf Ihre Rückmeldung. Und wir freuen uns, wenn Sie diesen Titel weiterempfehlen, in Ihrem Freundeskreis oder bei Ihrem Online-Kauf.

Sollten wir Ihre Erwartungen gar nicht erfüllt haben, tauschen wir Ihnen Ihr Buch jederzeit gegen ein gleichwertiges zum gleichen oder ähnlichen Thema um.

KONTAKT ZUM LESERSERVICE

GRÄFE UND UNZER VERLAG
Grillparzerstraße 12
81675 München
www.gu.de

IMPRESSUM

© 2023 GRÄFE UND UNZER VERLAG GmbH, Postfach 860366, 81630 München

GU ist eine eingetragene Marke der GRÄFE UND UNZER VERLAG GmbH, www.gu.de

ISBN 978-3-8338-8661-4
1. Auflage 2023

Alle Rechte vorbehalten. Nachdruck, auch auszugsweise, sowie Verbreitung durch Bild, Funk, Fernsehen und Internet, durch fotomechanische Wiedergabe, Tonträger und Datenverarbeitungssysteme jeder Art nur mit schriftlicher Genehmigung des Verlages.

Projektleitung: Monika Greiner
Lektorat: Christin Geweke
Korrektorat: Waltraud Schmidt
Gesamtgestaltung: independent Medien-Design, München
Umschlaggestaltung: ki36 Editorial Design, Sabine Krohberger, München
Herstellung: Renate Hutt
Satz: Eberl & Koesel Studio GmbH
Reproduktion: medienprinzen GmbH
Druck + Bindung: Firmengruppe APPL, aprinta druck, Wemding
Printed in Germany

GRÄFE
UND
UNZER

Ein Unternehmen der
GANSKE VERLAGSGRUPPE

DER AUTOR

Nico Stanitzok ist diätetisch geschulter Koch, Kochbuchautor und Blogger. Er liebt unkomplizierte Rezepte, besonders, wenn sie obendrein noch gesund und lecker sind. Mehr von ihm unter www.nicostanitzok.de.

DER FOTOGRAF

Klaus Arras, Foodfotograf in Köln, liegt die natürliche Atmosphäre bei seinen Aufnahmen besonders am Herzen. Für dieses Buch hat er Katja Briol (Foodstyling) in sein Team geholt.

Bildnachweis:

Klaus Arras: S. 06–59 und Stepfotos auf den Klappen
Coco Lang: S. 01, 05 und Stillleben auf den Klappen
Jan C. Brettschneider: Cover
privat: S. 04 Autorenfoto

Umwelthinweis:

Nachhaltigkeit ist uns sehr wichtig. Der Rohstoff Papier ist in der Buchproduktion hierfür von entscheidender Bedeutung. Daher ist dieses Buch auf PEFC-zertifiziertem Papier gedruckt. PEFC garantiert, dass ökologische, soziale und ökonomische Aspekte in der Verarbeitungskette unabhängig überwacht werden und lückenlos nachvollziehbar sind.

Syndication: www.seasons.agency

Die GU-Homepage finden Sie unter www.gu.de

APPETIT AUF MEHR?

ISBN 978-3-8338-7304-1

ISBN 978-3-8338-7691-2

ISBN 978-3-8338-7082-8

ISBN 978-3-8338-6620-3

ISBN 978-3-8338-7950-0

ISBN 978-3-8338-6623-4

Mehr von GU auf **www.gu.de** und **f** **facebook.com/gu.verlag**

DIE »GU KOCHEN PLUS«-APP

1 APP HERUNTERLADEN

Laden Sie die kostenlose »GU Kochen Plus«-App im Apple App Store oder im Google Play Store auf Ihr Smartphone. Starten Sie die App und wählen Sie Ihren Küchenratgeber aus.

2 REZEPTBILD SCANNEN

Scannen Sie das gewünschte Rezeptbild mit der Kamera Ihres Smartphones. Klicken Sie im Display die Funktion Ihrer Wahl.

3 FUNKTIONEN NUTZEN

Sammeln Sie Ihre Lieblingsrezepte. Speichern und verschicken Sie Ihre Einkaufslisten. Oder nutzen Sie den praktischen Supermarkt-Finder und den Rezept-Planer.